Escape

La casa misteriosa a Venezia

Rätseln, knobeln, Italienisch lernen

Silvana Brusati

circon

Vokabeltraining
zum Buch!

Lerne die Vokabeln zu diesem Buch: Mit phase6, Deutschlands führenden Vokabeltrainer.

Mit phase6 übst du deine Vokabeln über Computer, Tablet und Smartphone mit Android oder iOS.

Der Circon Verlag schenkt dir die erste Vokabelsammlung zu seinen Büchern. Nur erhältlich über diesen Link (QR-Code).

Der beste Sprachtrainer für die Schule.

Baierbrunner Straße 27, 81379 München
Ausgabe 2023

Redaktion: Isabella Bergmann
Fachkorrektur: Erica Dinale, Berikon (CH)
Produktion: Ute Hausleiter
Titelillustration U1: shutterstock.com: Milano M (Rahmen), Inspiring (schwarze Spots), Media Home (Flagge); venezianische Sehenswürdigkeiten: Lemon Workshop Design, primiaou, Mirifada, AlinArt, GaliChe; Rücken: Media Home (Flagge); U4: shutterstock.com: Lemon Workshop Design, FullRIzqi (Gondel), Cat_arch_angel (Schlüssel), Milano M (Rahmen)

Umschlaggestaltung und Gestaltung: FSM Premedia GmbH & Co. KG

ISBN 978-3-8174-4340-6
38174340/1

Besuchen Sie uns auf Instagram und Facebook: circonverlag

www.circonverlag.de

Vorwort

Du magst kniffelige Rätsel und willst deine Italienisch-Kenntnisse verbessern? Dann ist dieses Buch genau das richtige für dich!

Wie funktioniert das? Die Geschichte beginnt mit dem ersten Kapitel auf Seite 6. Doch alle übrigen Kapitel sind nicht in der richtigen Reihenfolge im Buch zu finden. Nur wenn du es schaffst, die Rätsel am Ende jedes Kapitels zu lösen, erfährst du, auf welcher Seite die Geschichte weitergeht.

Falls du beim Knobeln nicht weiterkommst, findest du auf Seite 83 Tipps, die dir auf die Sprünge helfen. Für den Fall der Fälle gibt es auf Seite 85 zudem die Lösungen zu sämtlichen Rätseln.

Dieses Escape-Buch basiert auf dem Konzept unserer beliebten Lernkrimis und kombiniert eine spannende Geschichte mit didaktischen Inhalten. Schwierige Wörter werden direkt auf der Seite übersetzt. Das Glossar zu diesem Buch wurde für phase6 vertont. Dort kannst du die Vokabeln zusätzlich trainieren.

Inhalt

Hauptpersonen

Alessandra: Die junge Italienerin Alessandra arbeitet für einen privaten Fernsehsender und fährt beruflich nach Venedig, um ein Interview mit dem berühmten Schriftsteller Achille Furlan zu führen.

Matteo: Der Kameramann Matteo ist stets an Alessandras Seite und hat ein sonniges Gemüt. Er liebt seine Arbeit, aber vor allem liebt er seine Freundin Alessandra, denn sie ist die Frau seines Lebens.

Achille Furlan: Der international bekannte Autor hat soeben ein Buch über die Mythen und Geheimnisse der Lagunenstadt an der Adria veröffentlicht.

Nebbia

Alessandra è una giovane giornalista e lavora per una TV privata.
Deve intervistare il **famoso** scrittore Achille Furlan.
Che emozione!
Lavora anche a un documentario su questa città unica al mondo. Deve **raccontare** l'atmosfera e l'ambiente.
Deve anche parlare con la gente, per **raccogliere testimonlanze** dirette.
Come prima cosa, Alessandra vuole girare per le **calli** meno frequentate dai turisti.
La sua **meta** principale è il **sestiere** Castello, ma non solo...
Calle lunga Santa Maria Formosa 5176/B, Campo S. Vio 721, Sestiere Dorsoduro 3703, Sestiere di San Marco 2847, Campo S. Zaccaria, 4693, Calle del Cristo 1918, Parrocchia S. Felice 4121, sono solo alcuni degli **indirizzi** da **raggiungere**.

?! Pass auf! Die Reihenfolge ist hier wichtig.

famoso .... berühmt
raccontare .... erzählen
raccogliere .... sammeln
testimonianza *f* .... Äußerung
calle *f* .... Bezeichnung für Straße in Venedig
meta *f* .... Ziel
sestiere *m* .... Bezeichnung für Viertel in Venedig

indirizzo *m*......................Adresse
raggiungere .... erreichen
strano ....komisch, merkwürdig
chiedere ....fragen
perdersi ....sich verlaufen, sich verlieren
pesante...........................schwer
aiuto *m* ....Hilfe
accompagnare...............begleiten

"Ma che indirizzi **strani**! Come facciamo ad arrivare a Castello 2737?" **chiede** Matteo.

"Non so, ma Venezia è piccola. Ed è anche bello **perdersi** in una città così."

"Sì, è bellissimo, però tu hai una borsa leggera. Io invece ho la videocamera che è **pesante**!"

"Dai Matteo, possiamo usare il navigatore. E se ci perdiamo, chiediamo **aiuto** ai veneziani."

Matteo è un ragazzo di Bergamo, ma lavora a Milano. Fa il cameraman. **Accompagna** sempre Alessandra quando ci sono da fare foto, video e interviste. Alessandra e Matteo sono colleghi di lavoro ma anche due **eterni fidanzati**. Si conoscono e si amano dai tempi della scuola. Però spesso **litigano** e lei lo lascia. **Giurano** di restare solo amici. Ma dopo poco tempo tornano insieme. Il problema

eterno..............................ewig
fidanzato/a *m/f*............feste(r) Freund(in), Verlobte(r)
litigare............................streiten
giurare............................schwören

è che lei è molto **gelosa** perché lui guarda tutte le belle ragazze.
“Fa parte del mio lavoro,” dice sempre lui.
Questo è uno di quei momenti di **rottura**. Alessandra lo ha di nuovo lasciato dopo una **scenata di gelosia**.
Matteo si diverte molto con lei, ama scherzare, la **prende in giro**. E anche questo fa **arrabbiare** tantissimo Alessandra, che è più seria.
“Ale, senti... Venezia è la città degli **innamorati**. È per questo che ci andiamo, vero?” dice, **ridacchiando**.
“Non dire **sciocchezze**. Ci andiamo per lavorare e basta.”

Alessandra e Matteo sono in arrivo alla stazione di Venezia Santa Lucia. Alessandra guarda fuori dal finestrino.

“Oh, no! Matteo, guarda quanta nebbia!”

Lui alza gli occhi dal monitor del computer.
“**Accidenti**!”
“Beh, Venezia è una città molto **umida**, è una città **costruita** sull’acqua. Quindi un

geloso .... eifersüchtig
rottura *f* .... Bruch
scenata *f* di gelosia .... Eifersuchtsszene
prendere in giro .... auf den Arm nehmen
arrabbiare .... ärgern
innamorato/a *m/f* .... Verliebte(r)
ridacchiare .... kichern
sciocchezza *f* .... Unsinn
Accidenti! ⚡ .... Verflixt!
costruire .... bauen
umido .... feucht

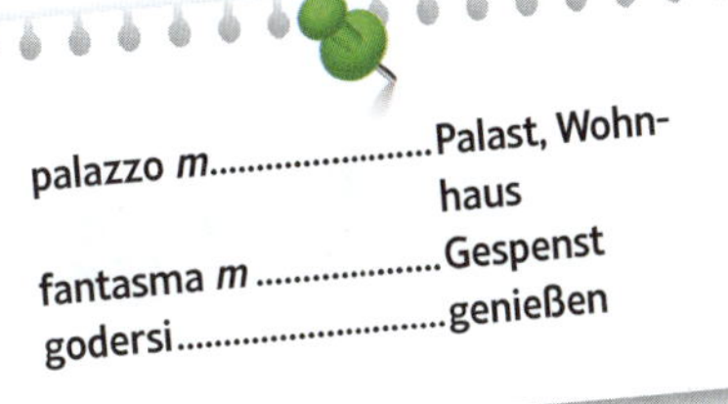
palazzo *m*........................Palast, Wohnhaus
fantasma *m*.....................Gespenst
godersi...............................genießen

po’ di nebbia, in autunno, è normale,” dice la signora seduta accanto a loro.

Scendono dal treno ed escono dalla stazione. Si guardano intorno: **palazzi** e monumenti sembrano **fantasmi**. Matteo prepara la videocamera, controlla l’audio e inizia il suo lavoro.

Alessandra **si gode** questo scenario unico.

L’atmosfera grazie alla nebbia è molto malinconica.

“Che cosa c’è là? Una casa? Una chiesa?“

Wie kommen Alessandra und Matteo in den nebeligen Gassen von Venedig weiter?

Die hier abgebildeten Straßenschilder helfen dir bei der Lösung! Schau sie dir genau an. Die richtige Buchstabenkombination zeigt dir den Weg.

Wie lautet das Lösungswort?

Sul ______________________________

(Bei diesem Kapitel geht es weiter, siehe Inhaltsverzeichnis.)

Acqua alta

"Ale, a che ora è l'intervista con Achille Furlan?"
"L'intervista è alle 18:30 alla libreria Acqua alta."
"Perché si chiama così?"
"La libreria si chiama così perché quando in piazza San Marco ci sono trenta centimetri di acqua

?!

In der Buchhandlung *Acqua alta* in Venedig gibt es nicht nur Bücher sondern auch Bilder, Postkarten und andere Exponate.

alta, anche in libreria comincia a entrare acqua. E così almeno dieci volte all'anno la libreria **si allaga**."

"Ma come fanno?"

"Per tenere all'**asciutto** i libri, il **proprietario** ha avuto un'idea geniale: tiene i libri dentro a una gondola, a una canoa, a una barca e anche in una vecchia vasca da bagno."

"Davvero geniale!"

"E poi ci sono i gatti. Sono almeno quattro, forse cinque."

"A proposito, sai che stasera è **prevista** acqua alta?" dice lui.

"Veramente?"

"L'acqua alta è un fenomeno naturale che da sempre fa parte della vita dei veneziani. Una combinazione di brutto tempo, **venti** e **correnti**. L'**alta marea** entra in laguna dal mare. **Succede** soprattutto da ottobre a dicembre. Qualche volta arriva anche in primavera, ma quasi mai in estate."

allagarsi .... überschwemmt werden
asciutto .... trocken
proprietario *m* .... Besitzer
prevedere .... vorhersagen
vento *m* .... Wind
corrente *f* .... Strömung
(alta) marea *f* .... Flut
succedere .... passieren
postino *m* .... Briefträger
interrompere .... unterbrechen
numero *m* civico .... Hausnummer
continuare .... fortfahren

"Senti, dov'è questa libreria?"
"L'indirizzo è: Calle lunga Santa Maria Formosa 5176/B."
"5176! Danno i numeri i veneziani! Come fanno a trovare un indirizzo?"
In quel momento passa un **postino**.
"Vieni, chiediamo al postino," dice Alessandra. "Scusi, può rispondere a un paio di domande?" chiede al postino.
"Va bene. Ma ho poco tempo," risponde lui.

?!

Die umgangssprachliche Redewendung *dare i numeri* ist hier ein gelungenes Wortspiel: Im Text geht es tatsächlich um Nummern, aber die Bedeutung heißt so viel wie *spinnen, verrückt sein.*

"A Venezia le calli e le piazze..."
"Di piazza c'è solo piazza San Marco. Le altre non sono piazze, ma campi, oppure campielli," **interrompe** subito il postino.
"Chiedo scusa. Dunque calli e campi qui hanno nomi molto originali, ma la numerazione è ancora più particolare. Come fate voi postini a fare il vostro lavoro? Non è difficile?"
"No, per noi è facile, conosciamo bene la città. Per un turista è più complicato. I **numeri civici** non ricominciano da 1 a ogni nuova calle, ma **continuano** per tutto il sestiere."
"Quindi in ogni sestiere la numerazione ricomincia dal

lato *m*	Seite
pari	gerade
dispari	ungerade
ai piedi	am Fuße
corriere *m/f*	Kurier(in)
soprattutto	vor allem

numero 1? Ho capito bene?"
"Sì, proprio così. E non ci sono **lati** con numeri **pari** e lati con numeri **dispari**. Il sestiere Castello arriva al numero record 6828 **ai piedi** del ponte Rosso. Dall'altra parte del ponte, alla fine della calle delle Erbe, il sestiere Cannaregio arriva al numero 6426."
"Poveri postini e poveri **corrieri**!" dice Matteo.
"Sì, **soprattutto** perché bisogna fare i ponti e tanti scalini. Quando c'e da portare una busta non è un problema, ma quando i corrieri devono portare un televisore o un pacco pesante è davvero dura. Ora devo andare. Buona giornata ragazzi e buon lavoro! Ciao!"

?! Augen auf!

?! *Ragazzi* sagt man umgangssprachlich nicht nur zu Jungen und Mädchen sondern generell auch gerne zu einer Gruppe von Jugendlichen oder jungen Leuten.

Wie finden Alessandra und Matteo zum Stadtteil Castello in Venedig?

Zum Weiterlesen musst du das Rätsel lösen.

1. Welche zwei Bedeutungen hat das Wort *lettera* auf Deutsch?

1. ________________________________

2. ________________________________

2. Was fängt mit B an und enthält eine *lettera*?

la _ _ _ _ _

Jetzt brauchst du die richtige Seitenzahl.
Das italienische Alphabet hat 21 Buchstaben (J, K, W, X, Y gibt es nur für Fremdwörter). A ist Nummer 1. Z ist Nummer 21. Welche Nummern entsprechen den Buchstaben des Lösungsworts?
Lösung: _ _ _ _ _
Addiere diese Zahlen, dann subtrahiere die Zahl 20 und lies auf dieser Seite weiter!

La galleria dei ritratti

Scendono alcuni **gradini** e arrivano in una stanza con almeno sessanta **quadri** appesi alle pareti. È la galleria dei ritratti.
"Sembrano ritratti di epoche diverse," dice Alessandra. "Dai più antichi ai più moderni."
Alessandra si ferma davanti al ritratto di un uomo di circa 70 anni. Ha la **fronte** alta, la barba bianca e lunga.
"Buongiorno, Colombina," dice il quadro. "Mi chiamo Ernesto e sono di Padova, ma abito in questa casa da 600 anni."
Alessandra quasi sviene per la paura.
"**Oddio** Matteo, che paura! Sono fantasmi?" dice Alessandra.
"Questi ritratti parlano! Che **divertente**!" risponde Matteo. "Sembra di essere in un videogioco!"
Alessandra **si sposta** davanti a un altro quadro.
"Ciao, io sono Antonio. Mia moglie si chiama Giovanna, è qui con me."
Alessandra si sposta davanti alla moglie di Antonio: una

ritratto *m* .... Portrait
gradino *m* .... Treppenstufe
quadro *m* .... Bild, Gemälde
fronte *f* .... Stirn
Oddio! ⚡ .... O Gott!
divertente .... lustig
spostarsi .... fortrücken

giovane donna molto elegante, in abito blu con sottili **ricami in oro**.

ricamo *m* in oro .... Goldstickerei
navigatore *m* .... Seefahrer
raggiungere .... erreichen
nobile .... adelig
cortigiana *f* .... *hier*: Kurtisane
poetessa *f* .... Dichterin

"Ciao, io sono Anna. Come vedi sono bionda e ho gli occhi azzurri. Non sono italiana, sono nata in Ungheria. Ho sette figli, li vuoi conoscere?"

Ora anche Matteo fa parlare i ritratti.

"Mi chiamo Rachele, sono la nipote di Ernesto e di Giovanna."

"Io sono Filomena, la moglie del figlio minore di Giovanna." "Buongiorno, io sono Filiberto. Sono un mercante. Ho guadagnato molti soldi e girato il mondo."

"Ciao, sono Dario, sono un **navigatore**. Ho lavorato molto in Portogallo e da lì ho **raggiunto** le isole Canarie e alcuni paesi arabi. Mia moglie è **nobile** e ricca, si chiama Elisabetta."

?!

Aufpassen!
Wie liest man Arabisch?

"Io sono Veronica, **cortigiana** e **poetessa**. Ho amato molti uomini e molti uomini hanno amato me."

"Io sono Lucrezia. Passo il mio tempo sui libri, studio tanto."

"Io mi chiamo Giacomo, ma non sono il famoso

arazzo *m*	Wandteppich
albero *m* genealogico	Stammbaum
scoperta *f*	Entdeckung
sconcertante	verwirrend

Giacomo Casanova. Sono veneziano come lui, ma sono un architetto."

Matteo e Alessandra vanno avanti. I ritratti sono sempre più moderni. Anche i nomi diventano più familiari.

A un certo punto si trovano davanti a un **arazzo** con un **albero genealogico**. Ma non si leggono bene i nomi. Guardano attentamente e fanno una **scoperta sconcertante**.

Was entdecken Matteo und Alessandra? Ergänze die fehlenden Buchstaben!

Schreib die Buchstaben hier von oben nach unten und von rechts nach links auf. Lies dann das Wort so, wie es Dario hätte lesen können, denn er war viel in den arabischen Staaten unterwegs:

Gli antenati di __ __ __ __ __ __ __ __ __ sono qui.

Lies auf Seite 28 weiter! Endspurt!

Arlecchino e Colombina

Matteo **si precipita** da Alessandra.
"Ma hai un costume da Arlecchino," dice Alessandra a Matteo non appena lo vede.
"Sei **ridicolo**! I pantaloni sono troppo corti."
"E tu come sei vestita? Hai un'enorme gonna azzurra, un corpetto rosso... Chi sei? **Biancaneve**? Io voglio essere il tuo principe azzurro. Vieni qua, che ti **bacio**." dice Matteo.
"Non dire **scemenze**, ho anche un grembiule bianco e una **cuffietta** in testa. Sono vestita da cameriera."
"Ma certo, giusto! Sei travestita da Colombina! La fidanzata di Arlecchino..."
"Hai ragione, sono vestita da Colombina, la **servetta** di Rosaura."
"E chi è questa Rosaura? È bella?"
"Rosaura è la figlia di Pantalone. Sono tutti personaggi della Commedia

precipitarsi .... sich stürzen
ridicolo .... lächerlich
Biancaneve .... Schneewittchen
baciare .... küssen
scemenza *f* .... Blödsinn
cuffietta *f* .... *hier*: Häubchen
servetta *f* .... Dienstmädchen

dell'arte. Come Arlecchino. Tu sei di Bergamo, come lui." risponde Alessandra.

"Ah, ecco, Arlecchino è di Bergamo come me. Ma tu non sei veneziana!" dice Matteo.

"No, infatti... sono di Milano. Però il mio cognome è tipicamente veneziano."

?!

Commedia dell'arte ist ein traditionelles italienisches Volkstheater des 16.-18. Jahrhunderts, deren Figuren noch heute in der Bevölkerung stark verankert sind.

"Hai dei parenti qui?"

"No, non credo di avere **antenati** veneziani. Comunque questa è la casa di Pantalone, il mercante vecchio, **avido** e **brontolone**."

"Ma non è carnevale, che cosa succede?"

"Non lo so, oggi è il 31 ottobre."

"Quindi è Halloween... qualcuno ci ha fatto un brutto scherzo."

"Allora, **ragioniamo**... Di solito Colombina si **mette nei guai** e Arlecchino la **salva**," dice lui.

"Ma bravo! Vedo che conosci i personaggi della Commedia dell'arte. Però spesso è il contrario: Colombina salva Arlecchino."

"Va bene, ma non litighiamo anche per questo, dai! So anche che Colombina

antenato/a *m/f*............. Vorfahr(in)
avido.............................geizig
brontolone.....................mürrisch
ragionare ....nachdenken
mettersi nei guai...........in Schwierigkeiten geraten
salvare ....retten

e Arlecchino si amano. Perché noi invece litighiamo sempre?"

"Senti, non è il momento di parlare di queste cose! Mi fai uscire di qui, per favore?"

"Mmh, non so... Però tu prima hai aiutato me a uscire dalla mia cella. Quindi vediamo..."

"Arlecchino è un **imbroglione**... e ha sempre fame, proprio come te!"

"Quando è fresco, è caldo. Vedo che hai un pezzo di pane **secco** sul tavolino."

"È vero, bravo! Il pane!" Alessandra fa a pezzi il pane. A un certo punto cade un biglietto.

"Cosa c'è scritto? Veloce! Sono le quattro e un quarto e ci sono già 30 centimetri d'acqua."

imbroglione *m* .... Betrüger
secco .... trocken

Was müssen Alessandra und Matteo machen?

Das Wasser steigt und steigt. Noch eine Tür versperrt den Weg aus dem Haus. Auf dem Zettel stehen neun Noten. 
Was hat das zu bedeuten?
Um die Tür zu öffnen und sich vor dem Hochwasser zu retten, müssen Alessandra und Matteo die neun Noten mit vier Linien verbinden, ohne den Stift jemals vom Papier zu entfernen.
Sie sind ratlos. Kannst du den beiden helfen?
Rette sie vor dem Hochwasser, sie müssen schnell weg!

Geschafft? Das war knapp! Aber warum gerade Noten? Kannst du erraten, auf welcher Seite es weitergeht? Schau' ins Inhaltsverzeichnis.
Die Noten sollen dir helfen ...

Da Rialto a Castello

Alessandra e Matteo scendono dal vaporetto al mercato di Rialto.

"Ale, stai bene?"

"Sto benissimo, grazie. Ma come fanno i veneziani a **sopravvivere** ogni giorno di fronte a così tanta bellezza?"

Scherzando scherzando Alessandra e Matteo si perdono per le calli. Provano a **inserire** l'indirizzo nel navigatore, per fare prima. Ma è un disastro. Il navigatore **va** subito **in tilt** e dopo qualche minuto **si rendono conto** che stanno camminando intorno a una chiesa da un'ora. Quindi **spengono** il navigatore.

?!

Wenn man etwas besonders betonen möchte, dann wiederholt man das Adjektiv oder Adverb mehrmals.

"Visto che ci siamo persi, andiamo un attimo a piazza San Marco? È qui, a due passi."

"Sì, anch'io ho tanta voglia di rivedere la basilica di San Marco, Palazzo Ducale e il Caffè Florian!"

Si dirigono quindi verso San Marco.

"Quanti turisti anche oggi!"

sopravvivere .... überleben
inserire .... eingeben
andare in tilt.................. verrückt spielen
rendersi conto .... sich bewusst werden
spegnere .... ausschalten
dirigersi .... zusteuern

“Che **babele**! Se ci fermiamo qui possiamo sentire tutte le lingue del mondo.”
Attraversano piazza San Marco, passano accanto al Caffè Florian e da lì **ammirano** la basilica di San Marco e Palazzo Ducale.
“Che bello fare i turisti.”
“Fantastico. Specialmente con te... molto romantico!” dice Matteo.
Poi **proseguono** verso il sestiere Castello.
Di **campo** in **campiello**, di calle in calle, cercano un modo per arrivare lì. Ma continuano a perdersi. La nebbia **nasconde** tutti i **cartelli**.
“Scusi, va bene di qui per Castello?” chiede Alessandra.
“Sì, certo, deve andare sempre dritto,” risponde un signore alto e magro.
“Ma come si fa ad andare sempre dritto a Venezia?”
“Infatti è impossibile, però **a grandi linee** la

babele *f* .... Sprachengewirr
ammirare .... bewundern
proseguire .... weitergehen, -ziehen
campo *m* .... Bezeichnung für Platz in Venedig
campiello *m* .... Bezeichnung für kleinere Plätze in Venedig
nascondere .... verstecken
cartello *m* .... Schild
a grandi linee .... in etwa

direzione va bene. Al primo ponte girate a sinistra, arrivate a una chiesa e al secondo ponte andate a destra, poi andate ancora dritto e dopo due chiese e tre ponti girate a destra..."

"Va bene, grazie."

"Tu hai capito tutto?" chiede Matteo.

"No, niente. Ho solo capito che per **orientarsi** a Venezia si usano chiese e ponti."

"Ma il problema è che i ponti di Venezia sono 400! Sono ore che camminiamo! Mi fanno male i piedi e ho fame."

"Dai, quando arriviamo a Castello facciamo una pausa e mangiamo qualcosa, va bene?"

"Va benissimo, ma **da che parte** dobbiamo andare?"

orientarsi ....sich orientieren
da che parte ....in welche Richtung

Wie kommen Alessandra und Matteo weiter? Wo müssen sie lang?

Im Dogenpalast gibt es diesen Briefkasten, den man *bocca di leone* (Löwenmaul) nennt. Früher wurde er als Beschwerdebriefkasten für anonyme Anzeigen genutzt. Jemand ist gerade dabei, ein Zettelchen dort einzuwerfen. Was steht auf dem Notizblatt? In jeder Zeile versteckt sich ein Wort. Löse das Buchstabenrätsel und schreibe den vollständigen Satz in die Lücke. Die Lösung zeigt dir, wo es weitergeht.

iva
bitosu
a
gipana
ciunid

Auf welcher Seite geht die Geschichte weiter?

Lösung: ______________________________

Che scoperta!

Che scoperta **strepitosa**! Gli antenati di Alessandra hanno fatto la storia di Venezia e molti di loro hanno vissuto in questa casa misteriosa.

"Così la tua famiglia ha origini antiche? Magari sei una principessa e io sono veramente il tuo principe azzurro?" dice Matteo.

Alessandra è molto **sorpresa**, Matteo è divertito.

"Principessa Colombina, posso chiedere la Sua mano?" chiede Matteo-Arlecchino.

Nello stesso **istante** la porta si apre ed entra in scena Pantalone, il "padrone di casa". Tutto vestito di rosso, con un cappotto nero e una maschera sul viso.

"Complimenti! Avete trovato l'uscita dalla casa misteriosa. Tutto è bene quel che finisce bene. Siete liberi,

strepitoso........................überwältigend
sorpreso..........................überrascht
istante *m*........................Augenblick
rapimento *m*.....................Entführung
recitare una parte.........eine Rolle spielen
approfondito....................gründlich
discendente *m/f*............Nachkomme
concordato......................vereinbart

ora," dice l'uomo travestito da Pantalone. "Venite con me." Alessandra e Matteo seguono il signore travestito da Pantalone e arrivano sul palcoscenico di un piccolo teatro.

"Bene, però Lei adesso mi spiega tutto!" urla Alessandra, arrabbiata. "Questo è un vero e proprio **rapimento**! Si può sapere chi è Lei?"

"Sono uno scrittore e anche un attore teatrale, **recito la parte** di Pantalone da 20 anni."

L'uomo si toglie la maschera e mostra il suo viso.

"Achille Furlan? Nooo!!! Che cosa fa Lei qui? Che cosa c'entra la mia famiglia? Perché siamo travestiti da Arlecchino e Colombina? Perché...?"

"Quante domande! I tuoi antenati, cara Alessandra, hanno vissuto in questa casa per quattrocento anni. Ho fatto **approfonditi** studi. Quando ho scoperto che tu sei una **discendente** della famiglia Trevisan che ha vissuto qui, ho parlato con il presidente della tua compagnia televisiva e abbiamo **concordato**

?!

Erinnere dich: *vivere* (leben) ist ein unregelmäßiges Verb - das Partizip ist *vissuto*.

di farti questa sorpresa e di ideare un nuovo format tv."
"Un nuovo format tv?"
"Una docu-soap dal titolo *Fuga da Venezia*. Tu e Matteo avete appena **partecipato** alla prima **puntata**: *La casa misteriosa a Venezia*."
"Non ci credo..." dice Alessandra. "Però ancora non ha risposto alla mia domanda: perché siamo travestiti da Colombina e da Arlecchino?"
"Come ti ho già detto, io recito a teatro nel ruolo di Pantalone da molti anni.

partecipare..................... teilnehmen
puntata *f*...................... *hier*: Folge
andare in onda............... auf Sendung gehen

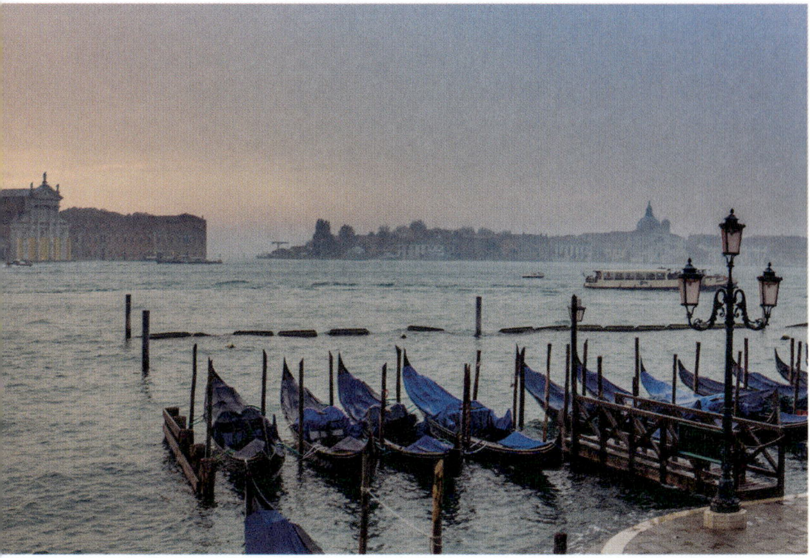

Ma non è solo per questo: la prima puntata **andrà in onda** l'anno prossimo, nel periodo di Carnevale."
"Ah, ecco. Ho capito. E che cosa sa dei miei antenati? Io non so nulla di loro, sono davvero curiosa!"
"Il mio ultimo libro sulle leggende e i misteri di Venezia parla della famiglia Trevisan. Tra poco mi devi intervistare, quindi mi puoi fare tutte le domande che vuoi. Forza, andiamo alla libreria Acqua alta! C'è il mio motoscafo qui fuori che ci aspetta."

?!

Forza benutzt man umgangssprachlich auch im Sinne von „Los!", „Auf geht's!"

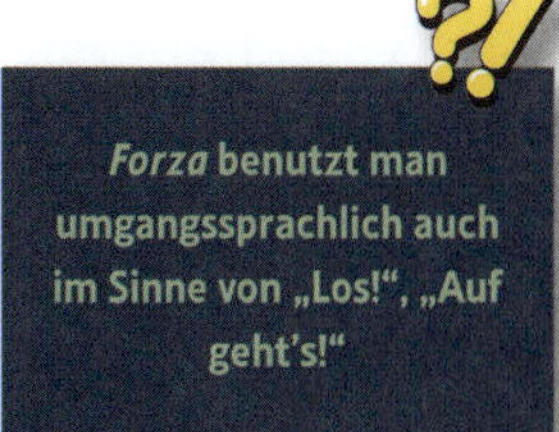

Wo fahren Alessandra und Matteo mit dem Motorboot hin?

Hier sind die Koordinaten: Markiere die entsprechenden Felder.

1. A1, A2, A3, B1, C1, C2, D1, E1
2. A1, C1, D1, E1
3. A1, A3, B1, B2, B3, C1, C2, C3, D1, D3, E1, E3
4. A1, A2, A3, B1, C1, C2, D1, E1, E2, E3

1.	1	2	3
A			
B			
C			
D			
E			

2.	1	2	3
A			
B			
C			
D			
E			

3.	1	2	3
A			
B			
C			
D			
E			

4.	1	2	3
A			
B			
C			
D			
E			

Il camerino

Alessandra e Matteo arrivano in una stanza piccola con un **armadio**, un antico **orologio a pendolo**, scarpe e abiti **d'epoca**. Su un tavolo ci sono carte da gioco, dei soldi, dei souvenir di Venezia, cosmetici, **parrucche** e pettini.

"Il pettine lo abbiamo trovato, siamo nella stanza giusta. Ma ora che cosa facciamo?" chiede Alessandra.
"Vediamo cosa c'è qui."
C'è un tavolo con un telefono. Sulla parete sopra al tavolo ci sono un grande **specchio** e un calendario. Di fronte allo specchio c'è una porta. Provano subito ad aprirla, ma è chiusa, naturalmente!
"Siamo nel camerino di un teatro. Da questa porta si arriva probabilmente sul **palcoscenico**."
"Spero di non dover anche **recitare**, visto che sono travestita da Colombina." dice Matteo.

camerino *m* .... Umkleide
armadio *m* .... Schrank
orologio *m* a pendolo ... Pendeluhr
d'epoca .... historisch
parrucca *f* .... Perücke
specchio *m* .... Spiegel
palcoscenico *m* .... Bühne
recitare .... schauspielen

"Beh, ormai è chiaro che siamo parte di uno spettacolo."
"Il telefono funziona?"
"Proviamo." Alessandra alza la **cornetta**.
"Congratulazioni, sei a buon punto. *Tu prima apri la porta e poi entri; lei prima entra e poi apre la porta*," dice una voce metallica.
"Pronto, chi parla? Chi è Lei?"
"CLIC. Tuut-tuut, tuut-tuut."
"**Ha riattaccato**."
"Che cosa ha detto?"
"Dice che siamo a buon punto e che "*tu prima apri la porta e poi entri, lei prima entra e poi apre la porta*."
"Ah, il solito indovinello:
è la chiave!"

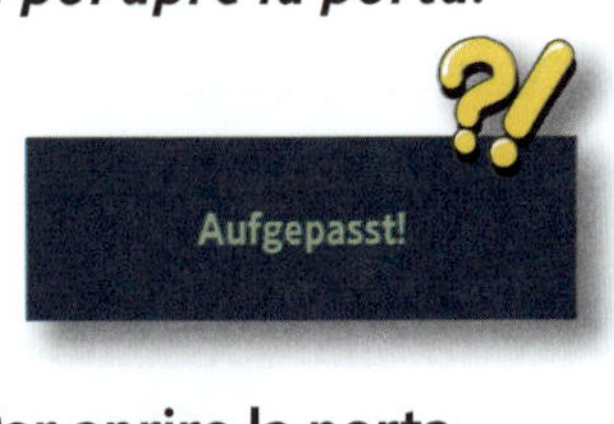

"Allora dobbiamo trovare una chiave... non è un grande aiuto."
"Una chiave per aprire che cosa? Per aprire la porta serve una **scheda** magnetica, non una chiave."
"Non so, forse la chiave serve per aprire l'armadio, oppure questo **gigantesco baule**?"

"Il baule è chiuso con un lucchetto."
Guardano ancora in giro.

cornetta *f*	Telefonhörer
riattaccare	*hier*: auflegen
scheda *f*	Karte
gigantesco	riesig
baule *m*	Truhe
segnalibro *m*	Lesezeichen
il mattino ha l'oro in bocca	Morgenstund hat Gold im Mund
combinare qc.	etw. zustande bringen

"Qui c'è un libro con un **segnalibro**. Sul segnalibro c'è scritto: *Qual è il mese più lungo dell'anno*?"

"Lo so, è settembre!"

"Perché?"

"Perché è formato da 10 lettere."

"Allora guardiamo il calendario, presto!"

"Guarda, sulla pagina di settembre c'è scritto: **Il mattino ha l'oro in bocca**."

"Che cosa vuol dire esattamente?"

"Vuol dire che ti devi alzare presto la mattina, se vuoi **combinare qualcosa** durante la giornata. Ci sono degli orologi qui?"

"Sì, c'è l'orologio a pendolo, ma non funziona."

"Segna le cinque meno un quarto e ora sono le diciassette e quarantacinque. Magari indica le cinque meno un quarto del mattino, quindi ha l'oro in bocca?"

"Proviamo a guardare se c'è qualcosa dentro... sì ecco, guarda: c'è una chiave!"

Hilf Alessandra und Matteo weiterzukommen.

Mit dem Schlüssel öffnen Matteo und Alessandra die riesige Truhe in dem Zimmer. Darin befindet sich nur unnötiger Krimskrams. Oder doch nicht?

Wo geht es weiter?

Lösung: _ _ _ L _ _ _ _

Welches Kapitel enthält das Lösungswort? Schau ins Inhaltsverzeichnis.

Al ladro!

Matteo e Alessandra arrivano finalmente al sestiere Castello.
È una zona meno frequentata dai turisti. È qui la Venezia più autentica.
Continuano a camminare. Ora le calli sono **deserte**.
"Qui vivono ancora molti veneziani e anche molti studenti." dice Alessandra.
"Guarda, qualcuno va in gondola, **nonostante** la nebbia. Sicuramente sono turisti."
"Vieni, facciamo qualche domanda a quel gondoliere."
"Alla gondoliera vuoi dire, è una ragazza!"
"Oh sì, hai ragione. Ancora meglio!"
Matteo ed Alessandra **si avvicinano** alla gondoliera.
"Ciao, scusa, possiamo farti qualche domanda? Ti piace fare la gondoliera?"
"Sì, tantissimo! In famiglia tutti gli uomini sono gondolieri."
"Sono tante le donne che fanno questo lavoro?"
"No, siamo in poche, meno di 20. È solo dal 2010 che le donne possono diventare gondoliere."

deserto .... menschenleer
nonostante .... trotz
avvicinarsi .... sich (an)nähern

“È difficile portare una gondola?”
“Beh, facile non è, bisogna imparare.”
Arrivano due fidanzati, la gondoliera li fa salire a bordo e parte per il suo giro nei canali. Matteo riprende la scena.
“Che bellezza, queste gondole!” commenta Matteo.

Alessandra lascia di nuovo **decidere** ai suoi piedi dove andare. Matteo la segue e continua a fare foto e a riprendere tutti i luoghi più caratteristici.
Prima è una chiesa ad attirare la loro attenzione. Poco dopo è un negozio di maschere. Alessandra si avvicina per fare qualche domanda alla proprietaria.
“Ci sono tante **botteghe** di maschere qui a Venezia?” chiede Alessandra.
“Sì, e ci sono maschere di tutte le qualità e prezzi,” risponde la signora del negozio.

decidere .... entscheiden
bottega *f* .... Geschäft, kleiner Laden

"Le sue sono bellissime, delle vere e proprie **opere d'arte**."

"Sì, sono di **cartapesta**, tutte **fatte a mano**. Le facciamo noi qui, nel laboratorio. Le maschere di cartapesta sono le migliori, ma anche le più costose," spiega la signora. "Ci sono anche in plastica, in cartone o in ceramica, ma sono un'altra cosa."

?!

Der Aperitif *Aperol Spritz* ist in Italien einfach *lo spritz* (nicht vergessen: Die Aussprache ist im Italienischem nicht *Schpritz* sondern *spriz*).

Dopo mezz'ora Alessandra e Matteo escono dal negozio. Lei ha un sacchetto pieno di maschere bellissime.

"Sono perfette per i **regali** di **Natale**."

"Senti Ale, facciamo una pausa ora?"

"Sì, ora andiamo in un *bàcaro*."

"Che cos'è un *bàcaro*?"

"Non sai che cos'è un bàcaro? Non ci posso credere! È un'**osteria** tipica veneziana. Un posto semplice, dove si mangia bene e si spende poco. In un bàcaro bevi un'**ombra** e mangi dei **cicchetti**."

opera *f* d'arte ..... Kunstwerk
cartapesta *f* .... Pappmaché
fatto/a a mano ... handgemacht
regalo *m* .... Geschenk
Natale *m* .... Weihnachten
osteria *f* .... Gaststätte in Italien, in der hauptsächlich Wein und kleinere Speisen serviert werden
ombra *f* .... Gläschen Wein in Venedig
cicchetto *m* .... venezianisches kleines Häppchen

“Cioè?”
“Cioè bevi un bicchiere di vino oppure uno spritz e mangi degli **stuzzichini**. I cicchetti sono molto simili alle tapas spagnole.”

stuzzichino *m*.................Häppchen
rimettersi a fare qc........wieder beginnen, etw. zu tun
sottoportego *m*............Durchgang, Unterführung in Venedig
prete *m*............................Priester
mattone *m*.......................Ziegelstein
potere *m* ....Kraft
toccare..............................berühren
sogno *m*...........................Traum

Dopo aver mangiato e bevuto (anche troppo) in tre bàcari diversi, Alessandra e Matteo **si rimettono a** lavorare.
“Guarda, qui c’è il famoso **Sottoportego** dei **Preti**, vieni con me?” dice lui.
“No, voglio vedere che cosa c’è là in quella calle.”
“D’accordo. Allora ci vediamo qui tra dieci minuti.”
Il Sottoportego dei Preti è molto famoso tra gli innamorati. C’è un cuore di **mattoni** rosso dai **poteri** speciali. Secondo una leggenda basta **toccarlo** per realizzare il proprio **sogno** d’amore entro l’anno.

Mentre Matteo tocca il cuore di mattoni rosso nel sottoportego,

Alessandra gira l'angolo. Sta guardando i palazzi, quando **all'improvviso** qualcuno la **spinge** a terra e le **porta via** tutto. Uno **scippatore**! Alessandra vede un uomo con una maschera sul **viso**. Il ladro **scappa** veloce verso il ponte Tetta.
"Ehi! Al ladro! **Aiuto**!" **grida** lei.
Ma non c'è nessuno e Matteo non può sentirla.

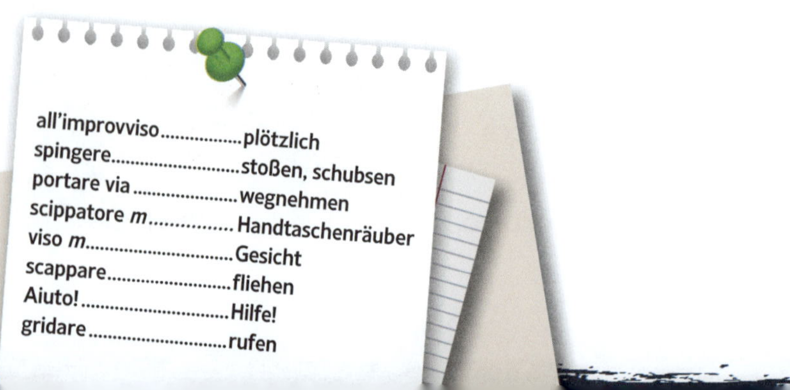

all'improvviso .... plötzlich
spingere .... stoßen, schubsen
portare via .... wegnehmen
scippatore *m* .... Handtaschenräuber
viso *m* .... Gesicht
scappare .... fliehen
Aiuto! .... Hilfe!
gridare .... rufen

Du musst Alessandra helfen! Aber wie?

Alessandra kauft typisch venezianische Masken. Kurz danach wird sie auf offener Straße von einem maskierten Dieb überfallen. Hilf Alessandra. Die Seitenzahl entdeckst du, wenn du alle Zahlen auf dieser Seite summierst.

Die Geschichte geht auf Seite __ __ weiter.

Sul Canal Grande

La **scalinata** che scende dalla stazione porta vicino all'acqua. Dall'altra parte del canale c'è una chiesa con la **cupola** verde. Con la nebbia quasi non si vede. A destra e a sinistra, ci sono gli **imbarcaderi** dove si fermano i **vaporetti**.

"Mi scusi, come arriviamo al sestiere Castello, a piedi?" chiede Alessandra a un vecchio signore con una sciarpa rossa.

"A piedi è un po' lontano. Per le **attrazioni** turistiche principali ci sono tante **indicazioni**. Raggiungere San Marco o la stazione è abbastanza facile. Ma quando **si esce** dai **percorsi** più turistici diventa complicato," risponde lui e le fa vedere un percorso sul suo **cellulare**. "Vede, Venezia ha la forma di un grosso pesce **diviso** a **metà** dal Canal Grande. Noi ora siamo qui," le **spiega** mentre **indica** la **testa** del pesce. "E lei deve arrivare qui, nella **coda** del pesce. Può prendere il vaporetto che

scalinata *f* .... Freitreppe
cupola *f* .... Kuppel
imbarcadero *m* .... Landungssteg
vaporetto *m* .... kleines Linienmotorboot
attrazione *f* .... Sehenswürdigkeit
indicazione *f* .... Hinweis
uscire .... *hier*: verlassen
percorso *m* .... Weg

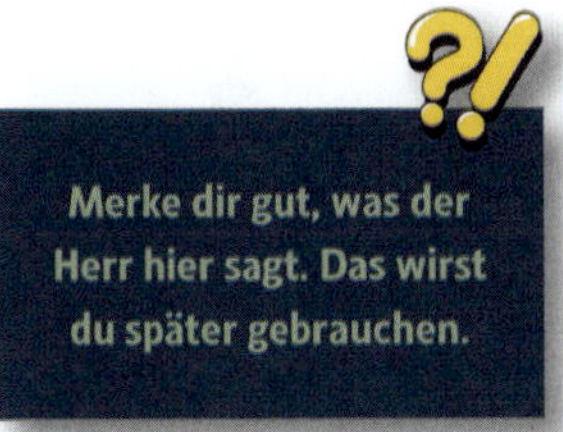

cellulare *m* .... Handy
dividere .... teilen
metà *f*............................. Hälfte
spiegare............................ erklären
indicare............................. zeigen
testa *f*.............................. Kopf
coda *f*............................... (Tier)schwanz
percorrere .... zurücklegen
ladruncolo/a *m/f* .... Gelegenheitsdieb(in)

percorre il Canal Grande, la linea 1, verso San Marco e scendere a Rialto. Da lì a piedi sono circa venti minuti. Ma fate attenzione ai **ladruncoli**."
"Ci sono i ladri, a Venezia?"

Pantalone

"In questo periodo, sì. Bisogna fare attenzione."
"Ecco, arriva il vaporetto. Allora andiamo!" Matteo è ad alcuni metri di distanza e **riprende** la scena. Lei lo chiama.
"Buona giornata e grazie!" dice poi al signore.
"Buona giornata a voi! Al sestiere Castello dovete assolutamente vedere la porta rossa... un rosso veneziano... come il vestito di Pantalone... e come la mia sciarpa..."
Alessandra sa che esiste una porta blu a Castello, in un **angolo** molto bello del sestiere. La porta è diventata famosa grazie ai post sui social. Ma una porta rossa? Boh, mai sentita.

?!

Wenn man in Italien in einem Gespräch sagen möchte, dass man etwas nicht weiß, dann benutzt man gerne *Boh*. Es hat umgangssprachlich die Bedeutung von „Keine Ahnung!", „Weiß nicht!".

Si preparano a salire sul vaporetto.
"Sembra una città senza tempo, misteriosa e piena di **sorprese**," pensa Alessandra.
Il vaporetto passa davanti al Fondaco dei Turchi, poi a Ca' Pesaro.

Ca' Pesaro

Arriva davanti a Ca' d'Oro, il palazzo gotico più bello e famoso della città. Poi c'è il Fondaco dei Tedeschi...
A bordo una guida parla a un piccolo gruppo di turisti.
"Signore e signori, dovete sapere che i palazzi di Venezia sono costruiti su tantissimi **pali di legno** piantati nel **fango**!" dice. "Non è **pazzesco**?", poi continua a raccontare: "Ci sono circa 118 isole, più di 400 ponti, 170 canali. Questi sono i numeri di Venezia."
Il vaporetto della linea 1 ferma a tutte le fermate e Alessandra si gode questo viaggio magico.

riprendere .... *hier*: aufnehmen
angolo *m* .... Ecke
sorpresa *f* .... Überraschung
palo *m* di legno .... Holzpfahl
fango *m* .... Schlamm
pazzesco .... unglaublich

Il quadrato magico: Auf welcher Seite geht es weiter?

Schau dir die Zahlen in dem Quadrat genau an. Was haben sie gemeinsam?

8	3	4
1	5	9
6	7	2

Addiere zu der Gemeinsamkeit die Zahl 9.

Es geht auf Seite __ __ weiter.

La sala della musica

Appena in tempo! Alessandra e Matteo salgono una scala e arrivano in un grande **cortile** interno.
Girano dappertutto per cercare una via d'uscita e si fermano davanti a un portone.
"Questo deve essere l'ingresso principale. Guarda quanta acqua entra!"
"Forse c'è una barca o un **motoscafo** che ci aspetta?"
Girano la **maniglia**, **tirano**, spingono, ma... niente.
"Niente da fare. La porta è chiusa a chiave."
"Anche le altre porte sono chiuse."
"Niente panico! Andiamo di sopra."
Salgono le scale in marmo bianco e arrivano in una grande sala. La sala è piccola e sporca, con affreschi **scoloriti** sulle pareti. Da un lato c'è un **pianoforte a coda** ricoperto di **polvere** e di vecchi **spartiti**. La sedia davanti al pianoforte ha solo tre gambe e sopra c'è un **ventaglio** bianco.
Al centro della sala non c'è niente.
"Guarda, c'è una scritta sul **pavimento**."

cortile *m*..........Hof
motoscafo *m*..........Motorboot
maniglia *f*..........Türklinke
tirare..........ziehen
scolorito..........verblasst
pianoforte a coda *m*....(Klavier)flügel
polvere *f*..........Staub
spartito *m*..........Partitur
ventaglio *m*..........Fächer
pavimento *m*..........(Fuß)boden

Ha la coda, ma la sua coda non si muove. Guarda cosa ha dietro.

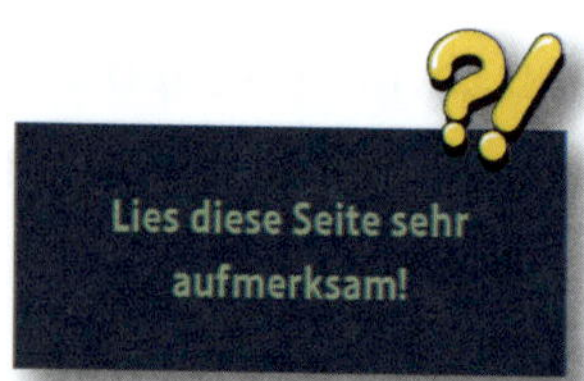

"Un altro indovinello. Ha una coda, ma la sua coda non si muove. Che cosa può essere?"chiede Alessandra.

"Forse un cane **dipinto**?"

"Buona idea!"

Guardano con attenzione gli affreschi della sala. Al centro della scena c'è una bambina che mostra uno spartito musicale.

"Che cosa c'è scritto sullo spartito?"

"Is as am non is ecid. Non so..."

"Ma sì, è solo scritto **al contrario**: *si sa, ma non si dice.*"

"Un **segreto**?"

"Giusto! Un segreto si sa, ma non si dice a nessuno."

"Purtroppo non ci aiuta a uscire di qui, almeno per ora."

Guardano ancora gli affreschi. Dietro alla bambina con lo spartito, altre bambine cantano e ballano.

"Non vedo cani, purtroppo."

"Neanch'io. Vieni, cerchiamo altri indizi," risponde Alessandra.

dipinto ....gemalt
al contrario.......................rückwärts
segreto *m*.........................Geheimnis

velluto *m* .... Samt
schifo ⚡ *m* .... Ekel
macchiato .... befleckt
macchia *f* di sangue ..... Blutfleck
sbarrato .... versperrt
sottofondo *m* .... Hintergrund
vento *m* .... Wind
imitare .... nachmachen
convinto .... überzeugt

Ci sono dei tavoli lungo le pareti e tra un tavolo e l'altro ci sono sedie e divani in **velluto** rosso.

"Guarda che **schifo** i divani. Sono tutti **macchiati**."

"Sembrano **macchie di sangue**."

"Che brutto posto."

"Fa paura! E le finestre sono tutte **sbarrate**."

Ci sono quattro porte.

Alessandra prova ad aprire due porte. Matteo fa la stessa cosa con le altre due. Ma niente da fare: sono tutte chiuse.

"Pst! Senti, Ale? Senti la musica? Che cos'è questa musica in **sottofondo**?" chiede Matteo.

"Vero, la sento anch'io. Sembrano *Le quattro stagioni* di Vivaldi," risponde Alessandra.

"La primavera, l'estate, l'autunno o l'inverno?"

"Questo è l'inverno... l'Allegro non molto... Senti il **vento**? Il violino **imita** il vento."

"Ah, sì certo, il vento..." dice lui poco **convinto**.

"Il ventaglio!"

"Che cosa **c'entra** il ventaglio?"
"Con il ventaglio **ti fai vento**. Sulla sedia, davanti al pianoforte, c'è un ventaglio. Presto, guardiamo se c'è un indizio, dobbiamo uscire da qui, il tempo passa!"
Aprono il ventaglio e leggono una scritta:
*Volete un **passaggio**?*
"Non capisco. Certo che vorrei un passaggio. In questo momento vorrei solo tornare a casa e non pensare più a questa brutta giornata."
"Anche io voglio un passaggio, ma per uscire da questo posto! Alle 18:30 c'è l'intervista con Furlan!" dice Alessandra.

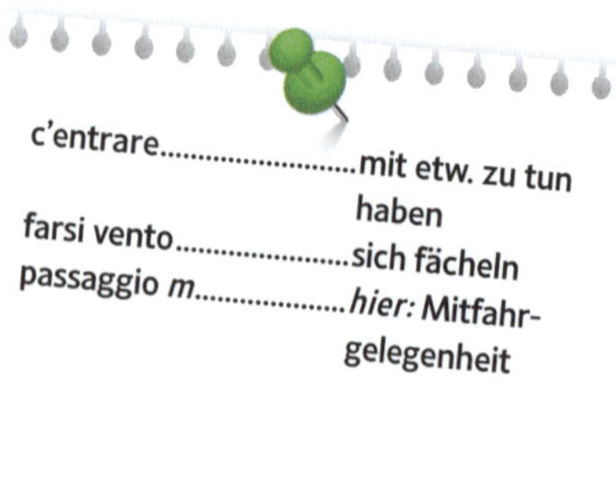

c'entrare........................mit etw. zu tun haben
farsi vento......................sich fächeln
passaggio *m*....................*hier:* Mitfahrgelegenheit

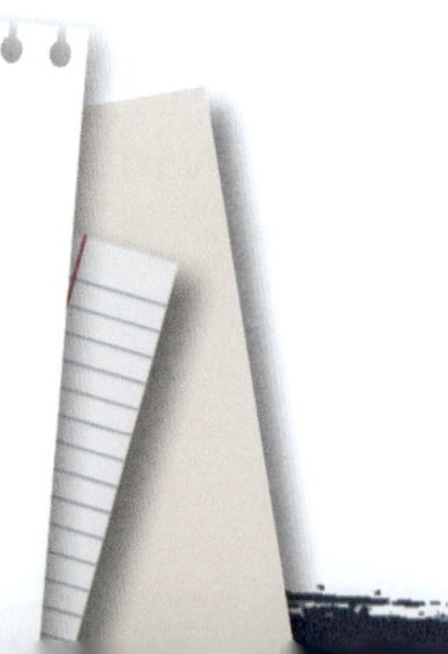

Hilf Alessandra und Matteo!

Ha una coda, ma questa coda non si muove.

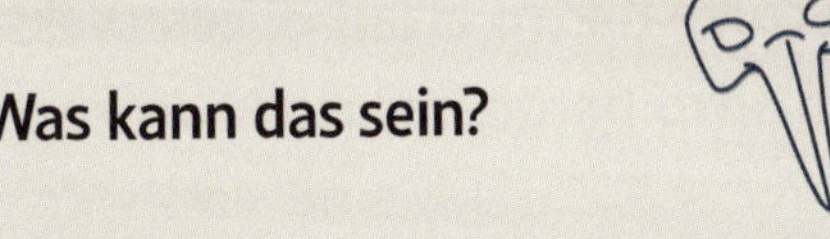

Was kann das sein?

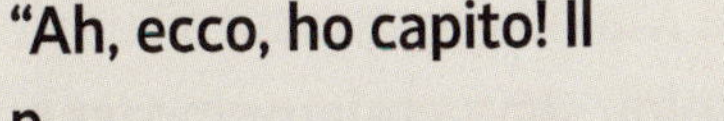

“Ah, ecco, ho capito! Il
p ______________________ !
Dobbiamo cercare qualcosa là dietro.”
“Ma che cosa?”
“Qualcosa di segreto.”

“Volete un passaggio?” bedeutet “Wollen Sie mitfahren?” Welche andere Bedeutung hat das Wort *passaggio*?
Passage, Durchgang, Zuspiel.
Welches Wort passt? Wo geht es weiter?

„Giusto! Dobbiamo cercare un p ______________

s __________ !”
Such schnell das passende Kapitel! Die Zeit läuft!

In prigione

"Al ladro, al ladro! Aiuto!" continua a gridare Alessandra, ma la città sembra morta. Anche Matteo è **scomparso**. D'istinto **corre** dietro al ladro, attraversa un ponte, passa su un altro ponte, ma non c'è proprio nessuno.

È bello perdersi a Venezia. Ma non in questa situazione! Con la nebbia, senza soldi, senza telefonino, senza Matteo.

A un certo punto Alessandra finisce in un **vicolo cieco**. Una calle **stretta** tra vecchi palazzi con i muri **scrostati**. Un corridoio **buio**, dove la luce quasi non arriva. Alessandra riesce a toccare tutte e due le pareti della calle con le **braccia**.

L'**ombra** diventa più **densa**. Alessandra ha **paura** e vuole andare via.

"Forse sono nella Calle della Morte," pensa.

prigione *f*	Gefängnis
scomparso	verschwunden
correre	rennen
vicolo *m* cieco	Sackgasse
stretto	eng
scrostato	abgeblättert
buio	dunkel
braccio *m*	Arm
ombra *f*	Schatten
denso	dicht
paura *f*	Angst

attirare	anziehen
abbandonato	verlassen
socchiuso	halb offen
dipinto *m*	Gemälde
affresco *m*	Freske

Vuole tornare indietro. Ma in fondo alla calle qualcosa **attira** la sua attenzione: una porta. Rossa.
"La porta rossa... Il signore davanti alla stazione ha parlato di una porta rossa..." pensa Alessandra.
Il numero civico è 1369. È un vecchio palazzo. Sembra **abbandonato**.
Si avvicina. Attraverso il grande portone **socchiuso** vede dei **dipinti** alle pareti. Vuole vedere meglio gli **affreschi** e così entra.

buio pesto .... stockdunkel
inciampare........................ stolpern
battere .... anschlagen
svenire .... in Ohnmacht fallen
scoprire .... entdecken
in preda a qc.................. von etw. überwältigt werden
urlare .... schreien
fortuna *f*........................ Glück
candela *f*........................ Kerze

"Sbam!"
Il portone rosso si chiude dietro di lei. All'interno della casa ora è **buio pesto**. Per la paura, Alessandra **inciampa**, cade per terra, **batte** la testa e **sviene**.
Quando si sveglia, **scopre** di essere chiusa dentro a una cella.
In preda al panico inizia a **urlare**.
"Aiuto! Aiuuuuuuutooooo!"
Nessuna risposta.
"Perché sono qui? Aiuto! Voglio uscire!!!"
Ma dove si trova? E com'è vestita?
Per **fortuna** c'è una **candela accesa**. Alessandra scopre di essere completamente **travestita**. **Indossa** un'**ampia** gonna azzurra sopra ai jeans e ha un **corpetto** rosso e un **grembiule** bianco. Sembra il costume di una maschera di carnevale.
È un travestimento da cameriera?
Alessandra non ha

?!

Porta oder *portone*? Durch die Zugabe von Nachsilben kann man in der italienischen Sprache eine Verkleinerung, eine Vergrößerung oder eine Verschlechterung ausdrücken. „-one" ist ein Vergrößerungssuffix. Der Begriff „portone" bedeutet daher „große Tür".

acceso........................ *hier*: brennend
travestito........................ verkleidet
indossare........................ anhaben
ampio........................ weit
corpetto *m*........................ Mieder
grembiule *m*........................ Schürze

tempo di pensare, deve uscire da lì. Prende la candela e si guarda intorno. Nella cella ci sono un **letto a castello**, una sedia e un tavolo. Per terra c'è un **salvagente** bianco e rosso. Sul tavolo ci sono un pezzo di pane e un **foglietto** con un messaggio:

Attenzione, marea eccezionale!
Previsioni meteo per oggi, 31 ottobre:
nebbia e acqua alta a Venezia dalle ore 16:00.
La marea sale rapidamente e può **superare** i 140 centimetri.
Devi uscire **in fretta**, la prigione si allaga.

Alessandra guarda l'ora: mancano dieci minuti alle quattro! Deve fare **presto**! Fuori le sirene d'allarme **avvisano** gli **abitanti** che la marea è in arrivo.
Ma che cosa può fare? È senza borsa e senza telefonino. È chiusa dentro a una cella in una casa misteriosa. E poi alle 18:30 ha l'intervista con lo scrittore famoso...
Si guarda ancora intorno, **disperata**.

letto *m* a castello .... Etagenbett
salvagente *m* .... Rettungsring
foglietto *m* .... Zettelchen
superare .... überschreiten
in fretta .... in aller Eile, schnell
presto .... *hier*: schnell
avvisare .... warnen
abitante *m/f* .... Einwohner(in)
disperato .... verzweifelt

“Voglio uscire!” grida, in preda al panico. “Aiuto!”
“Aiuto!!!” grida qualcuno alla sua sinistra.
“C’è qualcuno?” chiede lei.
“Sì... io,” risponde Matteo.
“Matteo! Finalmente! Ma perché rispondi solo ora?”
“Non lo so, forse ho dormito? E ora sono chiuso in una cella. Non capisco perché. Che cosa ci faccio qui?”
“**Nemmeno** io so perché sono qui. Come sei entrato tu?”
“Boh, per cercare te. Giravo per le calli e con la nebbia forse mi sono perso. Così sono finito in questo strano posto. Ho visto il portone aperto e sono entrato. Ma

il portone si è chiuso. Dopo non ho ricordi. Devo aver **perso i sensi**."
"Matteo, dobbiamo uscire, tra poco la prigione si allaga!"
"Ma come facciamo? La mia porta è chiusa con un grosso **lucchetto a combinazione**."
"Che cosa c'è nella tua cella?"
"C'è un letto a castello, un tavolo, una sedia..."
"C'è qualcosa sul tavolo?"
"C'è una specie di puzzle. Una **piantina**."
"Forse è la piantina di Venezia?"
"Inoltre sulla parete c'è una **scritta**:
Quando è fresco, è caldo."
"Sembra un **indovinello**. Prova a fare il puzzle."
"Va bene, faccio il puzzle. Ci sono i vari sestieri di Venezia e dei numeri."
"Che numero c'è sul sestiere Castello?"
"Perché?"
"Perché Castello è il sestiere dove ci troviamo ora."
"Ah, giusto. In che punto di Venezia è?"

nemmeno .... auch nicht
perdere i sensi .... das Bewusstsein verlieren
lucchetto *m* a combinazione .... Zahlenschloss
piantina *f* .... Stadtplan
scritta *f* .... Inschrift
indovinello *m* .... Rätsel, Denkaufgabe

Hilf Matteo und Alessandra! Wo sind sie und wie kommen sie aus der Zelle heraus?

Wie lautet der Zahlen-Code um das Schloss zu öffnen?

Wenn du das Buch nicht zerschneiden möchtest, dann mache dir eine Kopie von der Seite und schneide die einzelnen Teile auf der Kopie aus.

Schneide die einzelnen Teile des Stadtplans von Venedig aus und füge sie richtig zusammen.

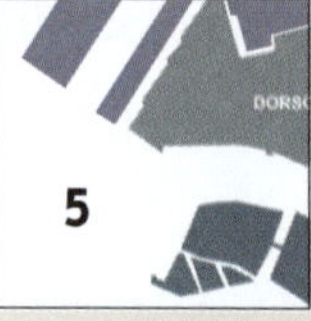

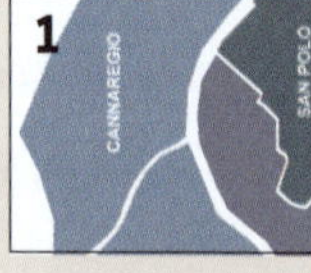

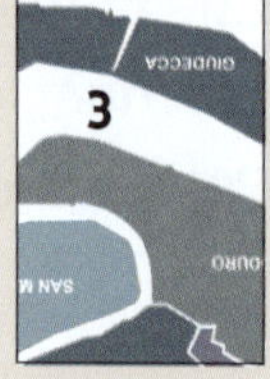

"Va bene, Ale, ho capito. Sulla coda del pesce c'è un numero: __ __." (Lies auf dieser Seite weiter!)
"Guarda se con questo numero puoi aprire il lucchetto della tua cella."
"Subito. Ecco, si apre! Vengo subito da te!"

Il passaggio segreto

Matteo e Alessandra sono ancora nella sala della musica. Sono disperati. Hanno trovato alcuni indizi, ma non sono ancora riusciti a uscire da lì. E il tempo passa.
"Sono già le cinque e un quarto. È tardissimo!" grida Alessandra.
"Ale, se ti fai prendere dal panico è peggio."
"Forse ho un'idea! Il pianoforte a coda!"
"Giusto, che stupidi! Come abbiamo fatto a non pensarci prima. Ha la coda, ma non la muove."
"Ecco! Dietro al pianoforte a coda ci deve essere qualcosa. Vieni!"
"Ma dove? Dietro al pianoforte a coda c'è solo una parete **affrescata**."
"Guardiamo meglio gli affreschi."
Alessandra e Matteo si avvicinano alla parete. **Appoggiano** le mani sul muro. **Tastano**, cercano.
"Ale, vieni! In questo punto la parete non è in **muratura**, ma in **legno**." dice Matteo.

affrescato .... mit Fresken bemalt
appoggiare........................ (auf)legen
tastare .... betasten
muratura *f* .... Mauerwerk
legno *m*........................... Holz

"C'è una porta?"
"Penso di sì! È perfettamente **mimetizzata** nel dipinto."
"Non ci posso credere!"
"Spingiamo, dai."
Spingono con tutte le loro **forze**. Ma niente.
"Non ce la faccio più," dice dopo un po' Alessandra, senza forze.
"Provo con una **spallata**," dice Matteo.
"Ma chi credi di essere? Thor? Iron Man?" chiede Alessandra.
La porta **si schianta** al **suolo**, insieme a Matteo.
"Matteo, come stai? Sei vivo? Ti sei fatto male?"
"No, no, stai tranquilla, sto bene. Il tuo supereroe travestito da Arlecchino è stato bravo."
"Sei stato grande!" **esclama** Alessandra e gli dà un grosso bacio. "Però ora non ricominciare a fare il romantico, solo perché ti ho baciato. Dobbiamo trovare l'uscita."
"Va bene, mia amata Colombina."
Si ritrovano in uno stretto corridoio.
"Ma, non senti **odore** di cibo tu?"
"Sì, c'è qualcuno? C'è una cucina? Ho fame!"
"Certo, tu hai sempre fame."

mimetizzare .... tarnen
forza *f* .... Kraft
spallata *f* .... Schulterstoss
schiantarsi .... donnern
suolo *m* .... Boden
esclamare .... ausrufen
odore *m* .... Geruch
padella *f* .... Pfanne
apparecchiato .... gedeckt

Arrivano in una cucina. C'è una **padella** sul fuoco. Ma non c'è nessuno.
La tavola è **apparecchiata** per due persone.
La cucina stranamente è moderna, pulita. È una stanza molto grande.
"In frigo c'è qualcosa?"
"Sì, il frigo è pieno."
"C'è da bere? Io ho sete."
"Anch'io ho tantissima sete, prendo dell'acqua."
"Io bevo un po' di aranciata. Ho anche fame."
"Ci prepariamo qualcosa?"
"No, dobbiamo assolutamente uscire di qui. Alle 18:30 c'è l'intervista in libreria, non possiamo assolutamente

mancare. È troppo importante per me, per la mia carriera..." dice Alessandra.

"Guarda, sul frigorifero ci sono dei magneti."

Achtung: *un uovo* (S, m); aber *due uova* (Pl, f)

"Che cosa c'è scritto?"

"Sono degli indovinelli."

"*Lo apri, ma non lo chiudi.* Che cos'è?"

"Non lo so. Il frigo lo apri e lo chiudi."

"Guardiamo dentro al frigo, forse è qualcosa da mangiare?"

"Un **uovo**!? Un uovo lo apri, ma non lo chiudi."

"Vero, ma che cosa dobbiamo fare con le uova?"

"Non so. Leggiamo gli altri indovinelli: *Può essere macchiato, senza essere* ***sporco*** *ed essere corretto, anche se non ha fatto nessun errore. Che cos'è?"*

"Questo lo so! È facile, è il caffè."

"Giusto! Il caffè macchiato e il caffè corretto! C'è del latte in frigo?"

"No, non c'è latte."

"Allora, vediamo... con che cosa puoi correggere il caffè?"

"Con il rum, con il whisky..."

"Qui in Veneto di sicuro si usa la grappa."

"Vieni allora, dobbiamo trovare una bottiglia di grappa, forse nasconde un altro indizio."

uovo *m* .... Ei
sporco .... schmutzig
lavagna *f* .... Tafel

Guardano dappertutto e alla fine trovano una bottiglia di grappa.
“È vuota.”
“Guarda bene l’etichetta, forse l’indizio è lì.”
“Ecco, c’è un altro indovinello.”

“Boh.”
“Che cosa c’è in questa stanza di nero?”
“Niente.”
“Sì, guarda là! Attaccata al muro c’è una **lavagna**.
“La lavagna! *Quando è tutta nera, è pulita*!”
“E ora è pulita... non c’è scritto niente.”
“Beh, aspetta. Guardiamo dietro.”
Ecco, dietro c’è una scritta:

Ha 4 gambe, ma
non cammina.

"Un altro indovinello."
"Il tavolo o una sedia. Hanno quattro gambe, ma non camminano."
Alessandra e Matteo guardano sotto al tavolo e sotto alle sedie. Alla fine, sotto alla gamba di una sedia trovano un biglietto con l'**ennesima** scritta:

> *È pieno di denti,*
> *ma non mangia.*

"Una forchetta?"
"Oppure un **pettine**?"
Guardano tutte le forchette, ma non trovano niente.
"Il pettine dove può essere?"
"Un pettine può essere in un bagno, o anche in una camera..."

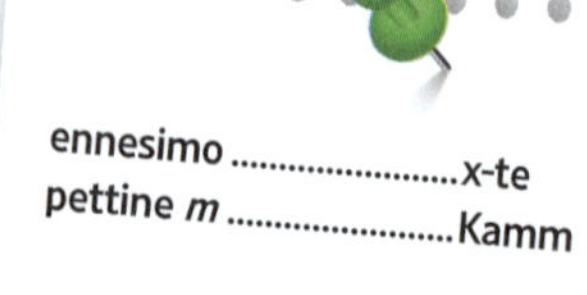

Alessandra und Matteo kommen nicht weiter. Hilf ihnen!

Was macht man mit diesen Sachen auf dem Foto, die Alessandra und Matteo in der Küche finden? Schreib die Verben im Infinitiv auf.

1. _ A _ _ _ _ _ _
2. B _ _ _
3. C _ _ _ _ _ _ _
4. M _ _ _ _ _ _ _ _
5. A S _ _ _ _ _ _ _

Erreiche schnell den nächsten Raum!
Auf welcher Seite musst du weiterlesen?

Lösung: _ _ _ _ T _ T _ _

Abschlussrätsel

Lies dir die Postkarte genau durch. Was fällt dir auf? Finde das Lösungswort heraus.

POST CARD

Cara Stefania,
come stAi? Spero tutto bene. Ti mando tanti saLuti da Venezia, è una ciTtà bellissimA e ci divertiaMo molto. SiAmo qui peR un fine sEttimana, domani si tornA a casa.

A presto, baci
Alessandra

Lösungswort: __ __ __ __   __ __ __ __ __

Die Bedeutungen der Wörter haben nur einen Sinn in der Geschichte. Kreuze die richtige Antwort an. Was ergibt sich daraus?

1. Un campo è
   - [g] un luogo dove si gioca a calcio
   - [f] una piazza

2. Il campiello è
   - [u] una piccola piazza
   - [b] un dolce veneziano

3. La calle è
   - [m] un fiore bianco
   - [r] una via

4. Un sestiere è
   - [a] una barca
   - [l] un quartiere

5. Un bàcaro è
   - [b] un insetto
   - [a] un'osteria

6. Un cicchetto è
   - [n] uno spuntino
   - [l] una sigaretta

Lösungswort: _ _ _ _ _ _

Schau dir das Foto genau an. Welcher Verwandter auf Italienisch versteckt sich dort?

?!

Es ist ein weiblicher Verwandter.

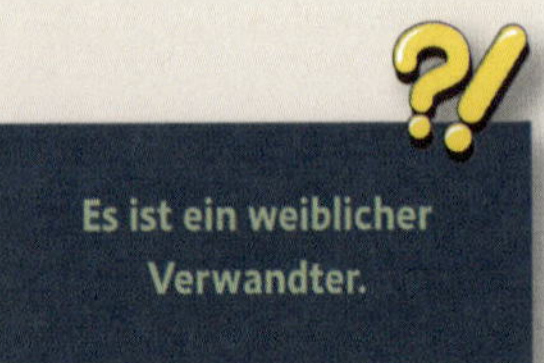

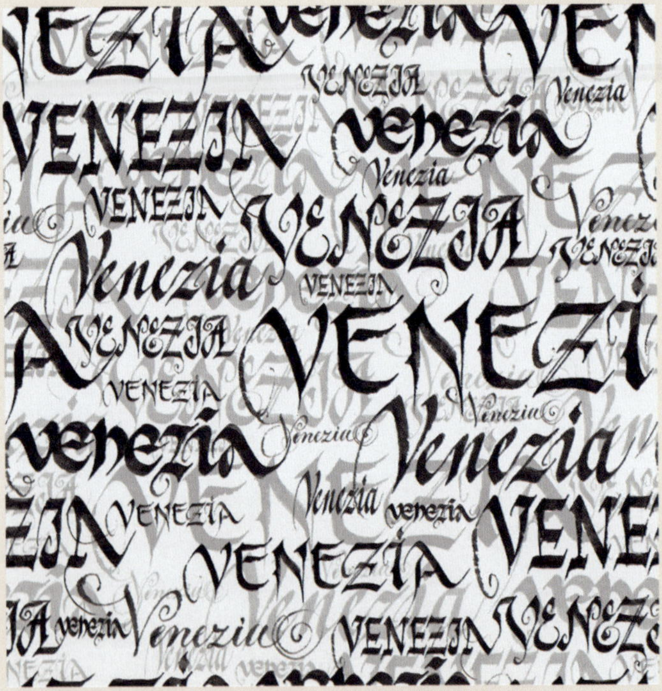

Der versteckte Verwandte ist: ___________

Du bist in dem Zimmer von Pantalone! Hier gibt es viele Dinge, unter anderem auch viele Schlüssel. Kannst du sie finden?

1. ___*nella*___ tasca dei pantaloni
2. __________ pavimento
3. __________ il letto
4. __________ cassetto
5. __________ la tenda
6. __________ scaffale
7. __________ scrivania

Alessandras Freund Matteo nimmt es mit der Treue nicht so ernst. Welcher Einwohner Venedigs war ähnlich wie Matteo und schaffte es sogar, aus dem Kerker des Dogenpalasts zu entfliehen? Wie heißt sein Nachname?

?!

Sein Leben inspirierte zu zahlreichen Filmen und der Person ist in Venedig sogar ein Museum gewidmet.

Übersetze:

+ neu (weiblich)

_ _ _ _   _ _ _ _ _

Streiche den zweiten Buchstaben des zweiten Wortes durch und setze die beiden Wörter zusammen.

_ _ _ _ _ _ _ _

Kerker des Dogenpalasts

Hier steht die letzte Hausnummer im Stadtteil San Marco:

Welches ist die letzte Hausnummer vom Stadtteil Castello?

_ _ _ _

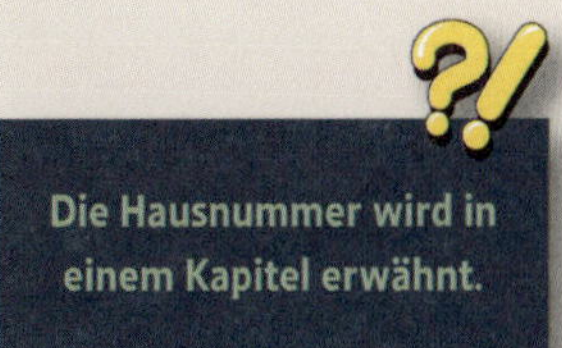

Die Hausnummer wird in einem Kapitel erwähnt.

Lies dir die Aussage genau durch:

Nasce grande e muore piccola.
Da giovane è alta e da
vecchia è bassa.

Was wird gesucht?

La __ __ __ __ __ __ __

?!

Es stand auch im Zimmer von Alessandra.

Die Buchhandlung Acqua alta in Venedig gibt es tatsächlich. Welches Wort fehlt auf dem Schild der Buchhandlung?

Informiamo i nostri gentili visitatori
che la scala di libri in giardino e la porta
sull'acqua chiudono alle 20:00.

Libri e ____________ vi
aspettano invece fino alle 20:30!

Das gesuchte Wort wird in der Beschreibung der Buchhandlung erwähnt.

In dem geheimnisvollen Haus gibt es einen merkwürdigen Spiegel, der alles verformt, was sich in ihm spiegelt. Kannst du herausfinden, wie er verformt?

GRANDE

PICCOLO _ _ _ _ _ _

DIFFICILE _ _ _ _ _ _

VICINO _ _ _ _ _ _ _

BASSO _ _ _ _

LEGGERO _ _ _ _ _ _ _

LUNGO _ _ _ _ _

LARGO _ _ _ _ _ _ _

?!

Schau dir das Beispiel im Spiegel von *piccolo* genau an!

Schau dir das Foto genau an. Welche Tiere kannst du erkennen? Kreuze an.

- ☐ 1. un gatto
- ☐ 2. un cane
- ☐ 3. una tartaruga
- ☐ 4. un leone
- ☐ 5. un coniglio
- ☐ 6. un cavallo
- ☐ 7. un serpente
- ☐ 8. un topo
- ☐ 9. una capra
- ☐ 10. un uccellino

Suche das Wort auf dem Titelbild dessen Übersetzung im Deutschen (Umlaute = zwei Buchstaben) und im Italienischen die gleiche Anzahl von Buchstaben hat und in beiden Sprachen mit dem gleichen Buchstaben anfängt.

Il _ _ _ _ _ di San Marco,
il simbolo di Venezia.

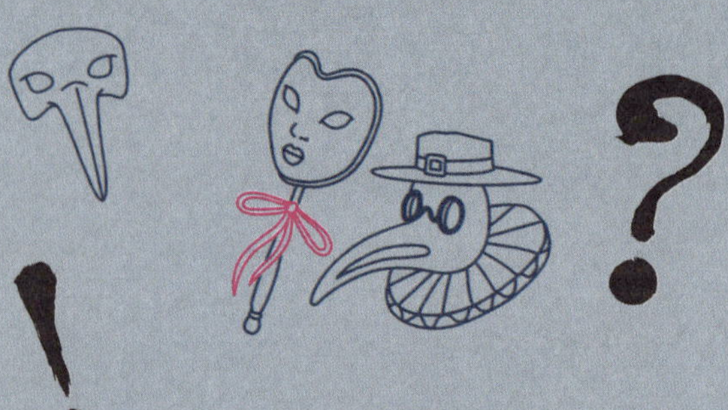

Tipps & Lösungen

Tipps

Benötigst du **Hilfe zur Lösung der Rätsel**? Dann schau, auf welcher Seite das zu lösende Rätsel steht, suche dir unten die Seite heraus und lies den Tipp. Zu jedem Rätsel in der Geschichte gibt es einen Tipp zur Lösung.

Rätsel Seite 10: Welche Adressen werden im ersten Kapitel erwähnt?

Rätsel Seite 15: 1. Du kannst gerne dein (Online-) Wörterbuch zu Hilfe nehmen. 2. Das gesuchte Wort mit B erwähnt der Postbote auf Seite 14.

Rätsel Seite 19: Wundere dich nicht, wenn die Buchstaben am Anfang keinen Sinn ergeben, denn das Wort liest man nicht von links nach rechts.

Rätsel Seite 23: Warum gerade Noten? Schau dir das Inhaltsverzeichnis genau an und lies dir die Kapitel durch. In welchem Raum spielen Noten eine große Rolle?

Rätsel Seite 27: In jeder Zeile versteckt sich ein Wort. Die Anfangsbuchstaben sind: v.. s..... a p..... un..... Das letzte Wort enthält die Seitenzahl, bei der die Geschichte weitergeht.

Rätsel Seite 32: Kennst du das klassische Spiel „Schiffe versenken"? Durch die Koordinaten werden die Felder ausgefüllt, die miteinander kombiniert, vier Buchstaben ergeben. Welches Wort kannst du entziffern? F _ _ _

Rätsel Seite 36: Die Zahlen in Klammern geben die Buchstaben an, die du für die Lösung und das nächste Kapitel brauchst.

Rätsel Seite 43: Schau dir alle Zahlen der Seite an, nicht nur die auf der Einladung.

Rätsel Seite 48: Addiere die Zahlen waagerecht, senkrecht und diagonal – es kommt immer die gleiche Zahl heraus.

Rätsel Seite 53: Lies die erste Seite des Kapitels noch einmal genau durch. Das gesuchte Wort ist ein Musikinstrument und besteht aus drei Wörtern,

Anfangsbuchstabe: p....... a c... Wenn du die Lösung noch nicht weißt, dann schau noch einmal auf das Inhaltsverzeichnis.

Rätsel Seite 60: Während Matteo filmte, unterhielt sich Alessandra vor dem Bahnhof mit einem alten Herrn. Erinnerst du dich, welche Form Venedig hat? Und wo sind sie jetzt? In welchem Stadtteil befinden sich Alessandra und Matteo? Der Ort hilft dir, die Zahlenkombination für das Schloss zum Öffnen der Tür zu finden.

Rätsel Seite 67: Betrachte die Striche zum Einsetzen genau, manche sind in roter Farbe. Die Buchstaben auf den roten Strichen verraten dir den Weg.

Lösungen

Rätsel S. 10: Die richtigen Silbenkombinationen in der richtigen Reihenfolge sind: CA-NAL GRAN-DE. Lösung: Canal Grande.
Lies auf S. 44, Kapitel: *Sul Canal Grande* weiter.

Rätsel S. 15: Das Wort “lettera” hat zwei Bedeutungen:
1. Brief, Briefumschlag
2. Buchstabe

Lösung: la busta.
B = 2, U = 19, S = 17, T = 18, A = 1, die Summe ist 57 - 20 = 37.
Lies auf S. 37, Kapitel: *Al ladro!* weiter.

Rätsel S. 19: Arabisch liest man von rechts nach links. Lösungswort: **Alessandra**. Die Vorfahren von Alessandra sind hier!

Rätsel S. 23: Das ist eine mögliche Lösung:

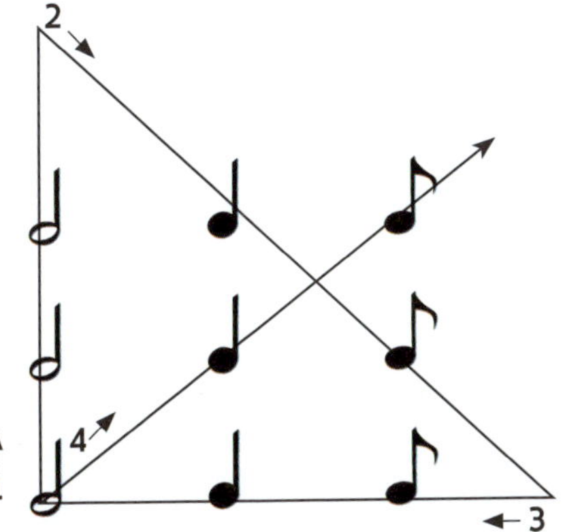

Die Noten verraten dir, dass das nächste Kapitel mit Musik zu tun hat. Die Geschichte geht auf Seite 49 weiter: *La sala della musica*.

Rätsel S. 27: Vai subito a pagina undici.

Rätsel S. 32: Wenn man die Koordinaten mit den Feldern kombiniert und dort z. B. Kreuze in die Tabelle einträgt, ergeben sich vier Buchstaben: **F I N E.**
Gratuliere! Du bist am Ende der Geschichte angekommen!

Rätsel S. 36:
1. orologio (6)
2. carte (da gioco) (2)
3. soldi (3)
4. souvenir (5, 8)
5. scheda magnetica (13)
6. maschera (2)

Die Zahlen in Klammern geben den Buchstaben für das Lösungswort an. Das Lösungswort ist GALLERIA.
Die Geschichte geht auf S. 16, Kapitel: *La galleria dei ritratti* weiter.

Rätsel S. 43: Addiere alle Zahlen, auch die Seitenzahl: 43 + 1 + 2 + 7 + 1 = 54. Die Geschichte geht auf S. 54, Kapitel: *In prigione* weiter.

Rätsel S. 48: Die Summe ist immer 15. 15 + 9 = 24.
Lies auf Seite 24, Kapitel: *Da Rialto a Castello* weiter.

Rätsel S. 53: il pianoforte a coda. Alessandra e Matteo devono trovare un passaggio segreto dietro al pianoforte a coda.
Lies auf S. 61, Kapitel: *Il passaggio segreto* weiter!

Rätsel S. 60: Sestiere Castello entspricht der Zahl: 20 (das war der Schwanz des Fisches).
Lies auf Seite 20, Kapitel: *Arlecchino e Colombina* weiter!

Rätsel S. 67: 1. T A G L I A R E; 2. B E R E; 3. C U C I N A R E; 4. M E S C O L A R E; 5. A S C I U G A R E;
Lösung: T R E N T A T R E.
Lies auf S. 33, Kapitel: *Il camerino* weiter!

Abschlussrätsel

Rätsel S. 69: Auf der Postkarte sind einige Wörter mitten im Wort Groß geschrieben. Wenn du sie in der chronologischen Reihenfolge einträgst, ergibt sich das Lösungswort: ALTA MAREA (Hochwasser, Flut).

Rätsel S. 70-71: 1. f 2. u 3. r 4. l 5. a 6. n.
Die richtigen Lösungen ergeben den Nachnamen des Schriftstellers, den Alessandra interviewen möchte: F U R L A N.

Rätsel S. 72: la zia (Venezia) (die Tante)

Rätsel S. 73: 1. nella 2. sul 3. sotto 4. nel 5. dietro 6. nello 7. sulla

Rätsel S. 74: Giacomo **Casanova** (1725-1798)

Rätsel S. 75: 6828

Rätsel S. 76: la candela (die Kerze)

Rätsel S. 77: gatti (Katzen)

Rätsel S. 78: Der Spiegel verwandelt die Adjektive in seine Gegenteile: grande, facile, lontano, alto, pesante, corto, stretto.

Rätsel S. 79: un leone, un serpente, una capra (Ziege)

Rätsel S. 80: Il **leone** di San Marco, il simbolo di Venezia.

Der Löwe befindet sich auf dem Titelbild in der rechten oberen Ecke.

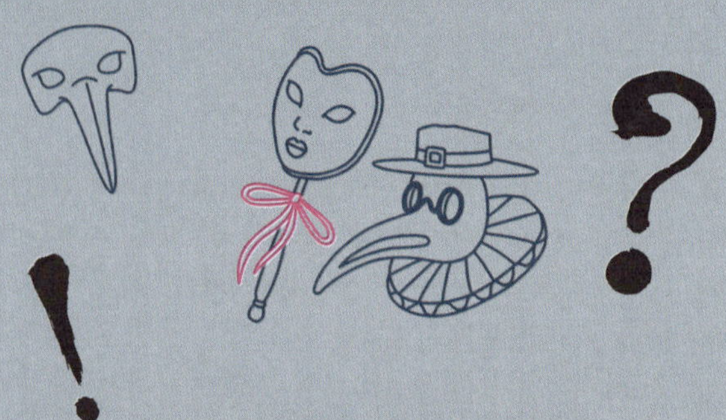

Glossar

f = feminin; *m* = maskulin; *irr* = unregelmäßig
ϟ = umgangssprachlich; *pl* = Plural

a grandi linee .... in etwa
abbandonato .... verlassen
abitante *m/f* .... Einwohner(in)
acceso .... *hier*: brennend
Accidenti! ϟ .... Verflixt!
accompagnare .... begleiten
acqua *f* alta .... Hochwasser
affare *m* .... Geschäft
affascinato .... fasziniert
affrescato .... mit Fresken bemalt
affresco *m* .... Freske
ai piedi .... am Fuße
aiuto *m* .... Hilfe
Aiuto! .... Hilfe!
al contrario .... rückwärts
albero *m* genealogico .... Stammbaum
all'improvviso .... plötzlich
allagarsi .... überschwemmt werden
ammirare .... bewundern
ampio .... weit
andare *irr* in onda .... auf Sendung gehen
andare *irr* in tilt ..... verrückt spielen
angolo *m* .... Ecke
antenato/a *m/f* ...... Vorfahr(in)
appeso .... aufgehängt
appoggiare .... (auf)legen
approfondito .... gründlich
arazzo *m* .... Wandteppich
armadio *m* .... Schrank
arrabbiare .... ärgern
asciutto .... trocken
attirare .... anziehen
attraversare .... überqueren
attrazione *f* .... Sehenswürdigkeit
avido .... geizig
avvicinarsi .... sich (an)nähern
avvisare .... warnen
babele *f* .... Sprachengewirr
bàcaro *m* .... einfache Gaststätte in Venedig
baciare .... küssen
bagnato .... nass
barba *f* .... Bart
battere .... (an)schlagen
baule *m* .... Truhe
Biancaneve .... Schneewittchen
bordo *m* di pelliccia .... Fellrand
bottega *f* .... Geschäft, kleiner Laden
braccio *m* .... Arm
brontolone .... mürrisch
buio .... dunkel

buio pesto .... stockdunkel
c'entrare .... mit etw. zu tun haben
calle *f* .... Bezeichnung für Straße in Venedig
camerino *m* .... Umkleide
campiello *m* .... Bezeichnung für kleinere Plätze in Venedig
campo *m* .... Bezeichnung für Platz in Venedig
candela *f* .... Kerze
cappotto *m* .... Mantel
cartapesta *f* .... Pappmaché
cartello *m* .... Schild
cellulare *m* .... Handy
chiedere *irr* .... fragen
cicchetto *m* .... venezianisches kleines Häppchen
coda *f* .... (Tier)schwanz
collegare .... verbinden
combinare qc. .... etw. zustande bringen
concordato .... vereinbart
conoscere *irr* qc. come le proprie tasche .... etw. wie die eigene Westentasche kennen
consegnare .... liefern
continuare .... fortfahren
convinto .... überzeugt
cornetta *f* .... Telefonhörer
corpetto *m* .... Mieder
corrente *f* .... Strömung
correre *irr* .... rennen
corriere/a *m/f* .... Kurier(in)
cortigiana *f* .... *hier*: Kurtisane
cortile *m* .... Hof
costruire .... bauen
cuffietta *f* .... *hier*: Häubchen
cupola *f* .... Kuppel
da che parte .... in welche Richtung
dappertutto .... überall
dare *irr* su .... sich ausrichten
decidere *irr* .... entscheiden
d'epoca .... historisch
deserto .... menschenleer
dipinto .... gemalt
dipinto *m* .... Gemälde
dirigersi *irr* .... zusteuern
discendente *m/f* ... Nachkomme
dispari .... ungerade
disperato .... verzweifelt
divertente .... lustig
dividere *irr* .... teilen
ennesimo .... x-te
esclamare .... ausrufen
eterno .... ewig
famoso .... berühmt
fango *m* .... Schlamm
fantasma *m* .... Gespenst

farsi *irr* **vento** .... sich fächeln
fatto/a a mano .... handgemacht
fidanzato/a *m/f* .... feste(r) Freund(in), Verlobte(r)
foglietto *m* .... Zettelchen
fortuna *f* .... Glück
forza *f* .... Kraft
fragile .... zerbrechlich
fronte *f* .... Stirn
furioso .... rasend
geloso .... eifersüchtig
gigantesco .... gigantisch, riesig
giurare .... schwören
godersi .... genießen
gradino *m* .... Treppenstufe
grembiule *m* .... Schürze
gridare .... rufen
il mattino ha l'oro in bocca .... Morgenstund hat Gold im Mund
imbarcadero *m* ..... Landungssteg
imbroglione *m* ...... Betrüger
imitare .... nachmachen
in fretta .... in aller Eile, schnell
in preda a qc. .... von etw. überwältigt werden
inchino *m* .... Verbeugung
inciampare .... stolpern
indicare .... zeigen
indicazione *f* .... Hinweis
indirizzo *m* .... Adresse
indossare .... anhaben
indovinello *m* .... Rätsel, Denkaufgabe
innamorato/a *m/f* .... Verliebte(r)
inserire .... eingeben
interrompere *irr* ... unterbrechen
istante *m* .... Augenblick
ladruncolo/a *m/f* .. Gelegenheitsdieb(in)
lato *m* .... Seite
lavagna *f* .... Tafel
legno *m* .... Holz
letto *m* **a castello** .. Etagenbett
litigare .... streiten
lucchetto *m* **a combinazione** .. Zahlenschloss
macchia *f* **di sangue** .... Blutfleck
macchiato .... befleckt
maniglia *f* .... Türklinke
(alta) marea *f* .... Flut, Hochwasser
matto .... verrückt
mattone *m* .... Ziegelstein
metà *f* .... Hälfte
meta *f* .... Ziel
mettersi *irr* **nei guai** .... in Schwierigkeiten geraten
mimetizzare .... tarnen
minaccioso .... drohend

misero ... armselig
motoscafo *m* ... Motorboot
muratura *f* ... Mauerwerk
nascondere *irr* ... verstecken
Natale *m* ... Weihnachten
navigatore/trice *m/f* ... Seefahrer(in)
né... né... ... weder ... noch
nemmeno ... auch nicht
nobile ... adelig
nonostante ... trotz
numero *m* **civico** ... Hausnummer
Oddio! ϟ ... O Gott!
odore *m* ... Geruch
ombra *f* ... Gläschen Wein in Venedig; Schatten
onesto ... fair, ehrlich
opera *f* **d'arte** ... Kunstwerk
orientarsi ... sich orientieren
orologio *m* **a pendolo** ... Pendeluhr
osteria *f* ... Gaststätte in Italien, in der vor allem Wein und kleinere Speisen serviert werden
padella *f* ... Pfanne
palazzo *m* ... Palast, Wohnhaus
palcoscenico *m* ... Bühne
palo *m* **di legno** ... Holzpfahl
parete *f* ... Wand
pari ... gerade
partecipare ... teilnehmen
passaggio *m* ... Mitfahrgelegenheit, Durchgang
paura *f* ... Angst
pavimento ... (Fuß)boden
pazzesco ... unglaublich
percorrere *irr* ... zurücklegen
percorso *m* ... Weg
perdere *irr* **i sensi** ... das Bewusstsein verlieren
perdersi *irr* ... sich verlaufen, sich verlieren
pericolo *m* ... Gefahr
pericoloso ... gefährlich
pesante ... schwer
pettine *m* ... Kamm
pianoforte a coda *m* ... Konzertflügel (Klavier)
piantina *f* ... Stadtplan
poeta/poetessa *m/f* ... Dichter(in)
polvere *f* ... Staub
portare via ... wegnehmen
postino/a *m/f* ... Briefträger(in)
potere *m* ... Kraft
precipitarsi ... sich stürzen
prendere *irr* **in giro** ... auf den Arm nehmen

presto	*hier*: schnell
prete *m*	Priester
prevedere *irr*	vorhersagen
prigione *f*	Gefängnis
proprietario *m*	Besitzer
proseguire	bewundern; weitergehen, -ziehen
puntata *f*	*hier:* Folge
quadro *m*	Bild, Gemälde
raccogliere *irr*	sammeln
raccontare	erzählen
raggiungere *irr*	erreichen
ragionare	nachdenken
rapimento *m*	Entführung
recitare una parte	eine Rolle spielen
recitare	schauspielen
regalo *m*	Geschenk
rendersi *irr* **conto**	sich bewusst werden
replicare	erwidern
riattaccare	*hier*: auflegen
ricamo *m* **in oro**	Goldstickerei
ridacchiare	kichern
ridicolo	lächerlich
rimettersi *irr* **a fare qc.**	wieder beginnen, etw. zu tun
riprendere *irr*	*hier*: aufnehmen
ritratto *m*	Portrait
riuscire *irr* **a fare qc.**	es schaffen, etw. zu tun
rottura *f*	Bruch
salvagente *m*	Rettungsring
salvare	retten
sbarrato	versperrt
scalinata *f*	Freitreppe
scappare	fliehen
scemenza *f*	Blödsinn
scenata *f* **di gelosia**	Eifersuchtsszene
scheda *f*	Karte
schiantarsi	donnern
schifo ⚡ *m*	Ekel
sciocchezza *f*	Unsinn
scippatore/trice *m/f*	Handtaschenräuber(in)
scolorito	verblasst
scomparso	verschwunden
sconcertante	verwirrend
scoperta *f*	Entdeckung
scoprire	entdecken
scritta *f*	Inschrift
scrostato	abgeblättert
secco	trocken
secolo *m*	Jahrhundert
segnalibro *m*	Lesezeichen
segreto *m*	Geheimnis
servetta *f*	Dienstmädchen

sestiere ***m*** .... Bezeichnung für Viertel in Venedig
socchiuso .... halb offen
sogno ***m*** .... Traum
soprattutto .... vor allem
sopravvivere ***irr*** .... überleben
sorpresa ***f*** .... Überraschung
sorpreso .... überrascht
sottile .... schmal
sottofondo ***m*** .... Hintergrund
sottoportego ***m*** .... Durchgang, Unterführung in Venedig
spallata ***f*** .... Schulterstoss
spartito ***m*** .... Partitur
specchio ***m*** .... Spiegel
spegnere ***irr*** .... ausschalten
spiegare .... erklären
spingere ***irr*** .... stoßen, schubsen
sporco .... schmutzig
spostarsi .... mitmachen, fortrücken
spuntino ***m*** .... Snack, Brotzeit
stare ***irr*** **al gioco** .... mitspielen
strano .... komisch, merkwürdig
strepitoso .... überwältigend
stretto .... eng
stuzzichino ***m*** .... Häppchen
succedere ***irr*** .... passieren
suolo ***m*** .... Boden
superare .... überschreiten
svenire .... in Ohnmacht fallen
tastare .... betasten
testa ***f*** .... Kopf
testimonianza ***f*** .... Äußerung
tirare .... ziehen
toccare .... berühren
travestito .... verkleidet
umido .... feucht
uovo ***m*** .... Ei
urlare .... schreien
uscire ***irr*** .... *hier*: verlassen; (hin)ausgehen
vaporetto ***m*** .... kleines Linienmotorboot
velluto ***m*** .... Samt
velocità ***f*** **massima** .... Höchstgeschwindigkeit
ventaglio ***m*** .... Fächer
vento ***m*** .... Wind
vicolo ***m*** **cieco** .... Sackgasse
viso ***m*** .... Gesicht

Bildnachweis

Shutterstock: Rahmen: Milano M (ganzes Buch); Yuna Renn (gelbe Fragezeichen & Ausrufezeichen, ganzes Buch), TMvectorart (Vokabelkastenzettel, ganzes Buch), Pablo Caridad (Hintergrundzettel Rätselseiten, ganzes Buch), Yullishi (Zettel Rätselseiten, ganzes Buch); 4: lalan (Fragezeichen); 5: Volha Hlinskaya, antishock (Movie), AlinArt (Venedig); 6: 19srb81; 10: Rvector (Sonnenbrille); 14: Diemar Rauscher; 18: Lia Koltyrina; 19: yayasya, Omeris (Gekritzel); 20: Ollga P; 22: poludziber; 23: Lucasos (Noten), TMvectorart (Zettel); 26: Alliance Images; 27: chrisdorney (Briefkasten), Zozo Kharitonova (Briefe) TMvectorart (Zettel); 28: PenWin (Maske), D Olgs (Karten); 30, 31:nexus; 33: stockphoto-graf; 34: yuss7106; 35: azure1; 38: Thomas Marek; 39: Luca Moi; 41: Cesare Sent; 42: alex_wolf_mx; 43: GoodStudio; 44: Annik Susemihl; 45: Bardocz Peter; 46: SimoneN (blaue Tür); 47: bepsy; 48: Ksenia Efimova (Hintergrund); 52: dark side off pink; 53: primiaou; 54: Torruzlo; 55: Fundamentum; 57: Oleg Senkov; 58: Petr Jilek; 60: Pavlo S (Schere), tunasalmon (Venedig-Plan), Kanate (Zettel); 63: Ekatarina_Kuzmina; 65: Woodhouse (Etikett), Andrey Eremin (Zettel); 66: Andrey Eremin; 67: evrymmnt; 68, 82, 88: Rvector (Sonnenbrille), primiaou (Masken, Gondeln), lalan (Satzzeichen); 70-71: lemaret pierrick; 72: Alphabetman; 73: Room27, azure1 (Schlüssel); 74: Viacheslav Lovatin (Kerker), Sira Anamwong (Haus), 75: ChiccoDodiFC; 76: Andrey Eremin; 77: Zerbor; 79: Stellar_bones; 81: Francesco Bonino; 84: GooseFrol; 95: AlinArt;

Picture alliance: 9: Loop Images | Mark Bauer; 25: Eibner-Pressefoto | Ingo Schulz / Eibner-Pressefoto; 46: Leemage | Costa (Pantalone)